AURA
colección

Todo queda al otro lado

Todo queda al otro lado

Isabel Llanos

eolas

poesía

Buscar las palabras, encontrarlas, ordenarlas, que reflejen el sentido que buscas, la emoción que necesitas, el impacto que deseas. Quizás estas palabras que yo escribo te sean superfluas. Quizás estas palabras que intento que representen lo que la poesía de Isabel me hace sentir se te antojen innecesarias. Lo entiendo. Puedes avanzar sin problemas hacia sus versos y zambullirte como lo hacen los adolescentes en las gargantas del deshielo. Solo déjame advertirte: tienes frente a ti un mapa cambiante, mutable y vivo. No esperes reposo ni complacencia. *Todo queda al otro lado* es una metralleta de dardos directos a ese lugar impreciso que conecta heridas, grietas, pasado y futuro. Ese lugar que nos descubre siendo protagonistas de sus requiebros metafóricos bailando a un ritmo ternario en un espacio violento y amable al mismo tiempo. Respirando el aire de una arquitectura de palabras conocidas y desconocidas al mismo tiempo, y es ahí donde, para mí, reside ese brillo especial que contiene este libro, ese brillo que se sacude la luciérnaga: el presente que nos entrega con cada uno de los capítulos de este libro está en hacernos habitar esas palabras como si fueran propias, alejadas

de alambiques y llenas de recovecos en los que poder refle-
jarnos. Yo busco ese tesoro en la literatura. Busco esa mano
tendida e Isabel aquí nos la da bien fuerte, para llevarnos con
ella, despacio y sin prisas, al otro lado donde queda todo.

ALBERTO VELASCO

A mi madre

ESTOY MALDITA

Desayuno continental

Las hileras de briznas del deseo
las galletas
un relato hueco.

No sirve distinguir el día
de la precipitada-ansiosa-explosiva
alevosía nocturna
que calma tantas esperas.

El recorrido de mis labios
por tus mentiras,
el acierto desplegado,
el seductor avance
hacia un abismo de besos.
Un atolón
un cenote
una isla construida sobre la escoria
de un volcán extinto.

Marismas en las sábanas inútiles.
En esta habitación de hotel
quedan diez minutos para las doce.

Asalté los lugares que creí amar

En cada incursión
sólo buscaba placer
fuegos
artificiales.
Piel de cebra
en cada mejilla,
félidos en los muslos,
serpientes sila
babeantes,
huellas de caracol
al voltear las sábanas.

Animal temerario
en las selvas
oscuras
liana a liana.

Recodo

Y me embriagas de luz
y me alboroto
entre tus dedos
y una pizca de seda
caza un secreto
y le pone un nombre
y camufla de ternura
la pasión.

Hay un recodo oculto
al otro lado de la confianza
que duele un poco,
un poco y todavía.

El precio

Partimos
cargando en los ojos
la sombra de la iglesia vieja,
el rumor cálido del río entre las manos,
el susurro volátil de la siega.

Ya no queda nadie en la calle
donde aprendimos la dicha
de las promesas.
Apenas una casa deshabitada
cedida al abandono,
al frío del olvido enmarañado
rendidas las palabras
tuyas, las mías
todos los acertijos de la vida
que nos quedaban.

Nuestro regreso,
un ovillo imposible que teje
en paralelo los caminos.

Descabalgaste antes
que yo bajara los pies al suelo.

Un vuelo de pardal,
luego abandono
con su silencio enhebrado
a las ramas sin nido.

No he podido volver.
No quiero caminar
esa plaza, esa vereda,
ni sentarme a oír la fuente
en noches sin estrellas
y con luna empañada.

La mirada se desliza sobre la edad
consumida. Las arrugas:
el precio que cobra el fielato.

Secarral

Las noches
venían a decirme
alegorías de ti.

No estabas en la piel.
No mentabas los campos.
Ni habitabas los huesos
ocultos entre nieblas.

                                    Recuerdo.

Las plantas hieren las piedras
de los pies descalzos
de sed y de trigo.

No hay bondad en tus actos,
tampoco ira.

                                    Respiro.

Hay una gravedad deslizándose

por las cuerdas de mi voz
que apaga la luz.

Estoy.

La piel resbala el agua sucia,
renace
        y seca
lo poco que quedaba.
En el centro aciago
de la esperanza
apenas encuentro vocación
para adorarte.

Lunas rotas y barrigas
contraídas.
Cuando corroe cada semilla
un futuro
no abro
mis oquedades quietas de penumbra
viscosa.

No consentirme, entonces
el perdón.

Adiós.

Informe policial para una redención

Vi
arrebatos dañinos, traiciones de parientes,
amigos
muertos,
la confesión de un suicida. Pero hay esperanza
en los humanos. No evito. Escucho
los secretos.
    Comprendo
y también no comprendo.

Perder

Yo sé perder:
 el tiempo
 las despedidas
 los abrazos por compromiso
 las segundas intenciones
 las patadas por debajo de la mesa
 las sonrisas impostadas
 la hipocresía

 las guerras para destacar y para tener la razón

 los libros que no me devuelven
 las miradas esquivas

 la memoria de las heridas intencionadas y de los
  daños sin querer

 el dinero prestado a un amigo
 las malas compañías
 los favores no devueltos
 los pendientes en un lago

las ideas en autobuses

la confianza
en mí misma.

Mis derrotas

a Rafael Cadenas

Yo, que prefiero no vivir a afrontar cómo la vida traiciona
    mis anhelos,
que me enroco en Cenicienta para no rebelarme,
que prestaban mis juguetes para que otros los rompieran,
que uso los libros como ladrillos para hacerme una casa,
que no me di cuenta de que la bondad tenía fecha de
    caducidad,
que nunca nadie me quiso como compañía,
que siempre pienso que hay una equivocación detrás de una
    muestra de cariño,
que he vivido engaños de quienes más amé,
que he visto a una madre con las venas cortadas,
que siempre he dudado de los halagos que me han hecho,
que me siento torpe en todas partes,
que nunca he cantado sin desafinar,
que no me gusta que me miren, ni que me vean, ni que me
    oigan,
que nunca me pillaron copiando porque nunca tuve valor
    para hacerlo,
que no tengo fuerzas para cambiar ya nada,

que si llego tarde a todo, y siempre,
es con la esperanza de no construir una ocasión,
que nadie deseó asomarse detrás de mi máscara,
que he pasado las noches solas reconociéndolas una a una,
que me despierto cuando no quiero dejar de soñar,
que nunca conseguí mecer un fruto propio,
que he tropezado
en todos los escalones
para subir
y he sido
tremendamente hábil
para bajar,
que nunca encontré quien mirase
lo suficientemente dentro de mis ojos hasta encontrar
el resorte de la jaula,
que nadie me buscó durante las horas escondida en el patio,
que no se pusieron de acuerdo ni en cómo darme nombre,
que he visto cumplirse mis peores vaticinios,
que me sorprendía cuando en la infancia me escogían para
        jugar en el equipo,
que siempre fui detrás pero no supe ir delante,
que me ofrecí como comida y bebida
a los saciados invitados del banquete,
que respondo mejor a los ataques que a las caricias,
que me creí todas las mentiras de este mundo,
que me quedé en el lado responsable de la vida,
que pensaba que el bien y el mal eran algo distinto,

que cuando estaba cerca de la casilla de meta cambiaban las
    reglas,

nunca una mano
cogió la mía
para que no
tropezase.

Si *no respiro*

Mi rastro desaparece en la laguna.

Me estoy haciendo pequeña
emparedada
en este cuarto agreste.

Pinto con pompas
otro cuerpo
que no sucederá.

Hay una lata con una vela inflamada
de orgullo prójimo que llega
a no alumbrarme.

Si no respiro despertaré.
Si no respiro
despertaré.
Estoy maldita.

UNA LUCIÉRNAGA
SE SACUDE LA LUZ

Una madre.
Una ventana sin casa.
Una tarde de domingo en septiembre.
La mirada de una hija.

Todo queda al otro lado.

Cuando cae la noche
tiembla el apartado secreto de correos
al que derivas las ilusiones
y se tambalea el hogar
que deseas.

Cuando cae la noche
regresan las palabras
envenenadas.

Porque no has sabido,
porque no has podido,
porque ni siquiera lo intentaste.

Lo indómito de dejarse llevar
por un destino conformado por errores
inconfesos. Victimismo surrealista
que únicamente consigue apaciguarse
con el perdón.

Salimos al callejón en tumulto,
parimos ideas,
nos abrimos el pecho y luego,
como artistas apagados,
volvimos a casa
a desvestirnos de brillos
a contar cada arruga
ocultada por el maquillaje.
A dormir, a dormir.
Mañana podremos rebelarnos de nuevo.

Una brizna de mirada
entre escote y corazón.

Indecisa, sin saber dónde
posarse,
aleteando
promesas.

Risas de comisura en tobogán
hacia mi vientre torbellino.

Asciende un maremoto por mi tráquea.

Pequeñas diabluras
en esta madrugada suave
que ondula mis tobillos.

La tempestad.
Mi barco polilla.
El faro advirtiendo costa.

Una luciérnaga
se sacude la luz.

Caen las estrellas en la cama,
se colocan en formación:
un ejército implacable
que logrará impedir
el paso de los sueños.

No queda ni cueva en la que guarecerse.

La mañana aparece
musitando una excusa
que obliga a levantarse.

Un cielo erizado
nos vio pasear anoche. Íbamos
sujetos el uno al otro
como los soportales a una vieja
casa, abrigados de rutina
sistemática suerte de
habernos conocido.
Luego la lluvia
mojó nuestras palabras y corrimos
más rápido que ellas
a refugiarnos dentro
de cada uno.
El relámpago anunció
los truenos que vendrían.

Por si acaso
un cortafuegos.

Por si el amor
es demasiado fuerte
demasiado.

Por si rompe
los renglones que separan
del dolor.

Ninguna concesión,
seas quien seas.

Nunca agua
para la sed del enemigo.

La batalla instaurada
entre la fe
y el desespero
no da tregua,
nunca iza

bandera blanca
ni abre posibilidad
a la negociación:

sitiada
oprimida
limitada
endeble
. desamparada
atrincherada
débil

incoherente.

Cuando amo.

La niebla abandonará el futuro
sin las reticencias
de quien descansa a la luz
de una colina,
de quien rozó con su mano
una palmera embrujada

Un arcoíris engarzado a las nubes
recitará versos contiguos
a la esperanza, esa mandarina
que resbala
jugosa
hacia los labios extasiados
de un ventrílocuo caníbal.

Te escucho.

La línea temporal
se desdibuja en
lo efímero de tu paisaje.
Hay humanos que no saben
postrarse ante la luz.
Y tu herida,
mi herida:
el dolor en un mismo
corazón fragmentado.

Déjame fuera.
Sal de esta casa
que has creado para encogernos,
para hacernos menos vulnerables
a la invasión.

Déjame fuera.
Tus pensamientos
asustan mis venas.

Fuera,
donde se cuajan las inclemencias
con las que fustigas aquello
en lo que veo luz.

Fuera.
Atravesada por la vida
que no me das,
por las risas y las sentencias.
Por el paradero insaciable
de querer y sentir.

Aquí
el aire exuda
un
ya
no
más.

Y yo

    respiro.

Se me cayó tu huella, me apuñaló
tu vacío desde la estantería.
Las cuencas sólo están llenas en las fotos.

Mi casa vive en
tus lastres:
¿es esa la corona de sucesión?

Duplico en mí los tú
y temo
serte demasiado fiel.

Respeto
por mi
miedo.

Las losas derretidas al sol
señalando la vereda.
Al fondo el rubor de la tarde tímida.
En olas, los últimos trinos.
Camino a casa
un aire cálido
como rebosando del horno
que cuece el alimento.

Borbotones. En las lindes
la posibilidad juega
con la certeza.

Todo es suave en el gesto
(también en la amenaza).

En el pantalán
la soga huérfana y la ausencia
en su línea de flotación.

Los músculos vanos
marcan el cilicio
de las esperanzas tensas.

No hay analgesia en la ingenuidad.

Porque una vez despertó a bocajarro
ya no cree.

¿Y si fuera esto
una estratosfera de formas lujuriosas
un vértigo de cuerpos crujientes
ortigas y melindros sofocados
la cama vigilante de la reciprocidad?
¿Y si fuera?

¿Y si acaso tu sombra
se apoyara en mi sombra
aspirando el veneno
eligiendo el susurro y el paso delicado
que no quiebra la rama?

¿O tus ondas jugasen con las mías
pespunteando la espuma
como los hilos lúcidos de un brocado?

¿Qué pasaría si todo eso
fuera?

la quietud derramada
como una sombra espía

gestos de amor inespecífico

en la cuneta desdentada
mueren las posibilidades de escoger destino

ni un solo argumento
ni una huella evaporándose

un trazo perdido
que no señala norte
en ningún mapa

UN LEGADO DE SOLEDAD Y AMOR

Hoy es ella y no está

Su forma de doblar las toallas,
una cucharada y un escalofrío.

Las fotografías se clavan
como chinchetas en mi sien
mientras anhelo una
                    al menos una
de sus caricias.

Los rayones en el suelo y en los pupitres,
los cuadros que aún no han sido colgados,
la casa de muñecas con tacitas de té
y el conejo de porcelana
en la silla de madera azul.

Todas las plantas del jardín hablan de ella.

La mesa del café que visitaba los domingos
al salir de misa
la ocupan otros cuerpos
con otras vidas y otras intenciones.

Usurpan sus tesoros los descendientes
que no nacieron de sus entrañas.

Y con la misma lentitud
con la que todo le fue negado
por imperativo materno,
se va

      diluyendo

            disculpándose

por no haber vivido,

por haberme transmitido

su legado de soledad
y amor.

Nochevieja 2015

Están más los que no están que los que están.
Las grietas de las paredes:
al mapamundi de tu destino.
Mueres una y otra vez en la noche eterna.

La realidad desgastada
duele.

Cerrar los ojos para no despertar más.

Lo agridulce de la ironía empapa.

No llegan las uvas y no se van los años.

Quisieras derretirte, intercambiarte por las velas,
entremezclarte con barreduras de cotillones
crepitar como papeles de regalos desechados,
subir al cielo entre negras cenizas rampantes
antes de caer en la tolva del olvido.

Desear ser olvidada.
Que nadie sepa que estuviste.

Irte
tan liviana como llegaste.
Nada sin nada.

¿Cuánto debe esperar la muerte
para ser admitida a trámite?

Ser invisible,
incolora,
indolora,
insabora.

Ser nada en la nada,
minuto en un reloj sin pilas,
un juguete sin agujas.

Desaparecer
con
la
última
campanada.

Esquela

Tus botas manchadas de nieve,
tus ideas desabrochadas,
tus hileras de risas,
tus dedos hilvanando cosquillas
en mi piel.

Recuerdo siempre
esas mañanas
enviando los ojos a las nubes,
revolviendo el azúcar
con parsimonia de mago,
(siempre esperando ver salir una paloma de tu taza)
las migas moteando tu barba bermeja,
los cabellos empeñados en alcanzar
la calificación de paisaje
y transformando en hogar
la habitación del hotel.

La esquela salta del periódico
a mis ojos.
Celuloide que te atasca y te quema.
Me quedo en blanco y sin palomas.

ESPERA CON EL BILLETE
EN LA MANO

un solar asediado por la mala hierba la sequía una lata descolorida de guisantes las páginas quemadas de una revista de sucesos el tronco de plástico de una muñeca descuartizada la fractura de una vajilla regalo de bodas

miro por la ventana como quien mira a un espejo

es una mujer va sola por la ciudad escucha cómo su corazón
la riñe con unas palabras que reconoce camina se refleja en
el gris urbano de los transeúntes como quien se arropa con
un abrigo bajo la tempestad cruza sin prestar atención mira-
das sonrisas cuchicheos algún insulto impreciso la calle vive
las terrazas llenas un autobús con gripe tose más gris por el
escape le empapa las mejillas inflamadas con lágrimas que
escarban hay surcos que se deslizan sobre sus montañas sus
lagunas y todas sus geografías
la mujer sus ojos
en la boca que
se aproxima que
la pone nombre que
la hace visible que
le quita el frío de los huesos
y la devuelve a casa

la mortaja de mil historias piel descolorida hombros encorvados voz tosca y agreste haciendo eco contra el vaso contra el vacío le alimentó el verso la paloma bendita que batía sus alas en el latido dentro —muy dentro— sólo para él embestidas vitales armadura abollada ni un solo reproche contra el destino en el ring las cuerdas le vuelven marioneta y él se deja hacer se deja usar ya nada le apura los tragos largos las noches solas las piernas que flojean cuando ven cerca el jergón lleno de manchas de orín y algún vómito que llegó de cabalgar las calles en sus suelas también desgastadas hace años que no carga la batería del teléfono si todo sigue igual no llega el cambio no se caen las luces ni las mentiras no salen los monstruos de la despensa atestada de agravios contra sí mismo sólo espera
con el billete en la mano
a que llegue a recogerle
para cruzar

LES CUESTA PONER NOMBRE
A LO QUE SIENTEN

cada día pasar los pies
de un calendario sin otros

fingimos sobre la arena
que tenemos equilibrio
suficiente
para mantenernos en pie

naipes barajados
por el azar
jugamos a dejarnos querer
el uno por el otro

las partidas sólo tenían
perdedores

tramitar por la mañana
una nueva solicitud
para perforar tu abismo

¿seríamos capaces de vivir
el uno sin el otro?

tapar
los desperfectos
con telarañas

mi verbo se refleja
en tu debe
nuestra contabilidad maliciosa
no presenta riesgos ocultos
simplemente
no me sale a cuenta

taludes convertidos a precipicios
nada sirve ya
para continuar la marcha

con su mano inocente
deshoja la margarita
apagando las luces
a los   intransigentes
        ciegos
        irrelevantes
        refractarios

giraba las esquinas
como una flor baja sus pétalos
al recibir la lluvia

una luz tan vergonzosa
y su algodón de azúcar

un viento esparciendo
sus posibilidades en el horizonte

hablaban mucho y escribían poco

(hasta tiempos mejores
las semillas aguantan)

les cuesta poner nombre
a lo que sienten
dos manzanas
y un puñado de fresas

será la última vez cansada
la última vez

AGRADECIMIENTOS

A Antonio Colinas, por ofrecer su mano a una novata, presentar mi primer poemario en nuestra villa La Bañeza, leer siempre mis textos y regalarme sus palabras de aliento en este camino entre versos.

A Alberto Velasco, a quien admiro como actor, pero al que amo como bailarín, creador y director, por sus abrazos refugio, por guiar siempre desde el amor, por enseñarme a ver, conocer y sentir la verdadera belleza. Por la generosidad de su prólogo.

A Jesús Aguado, porque sabe ver en mí más que yo misma: descifra mis jeroglíficos y los camufla entre gominolas. Por su generosidad sin límites, su picardía y buen humor, y ese cariño infinito que una siente siempre a su lado.

A José Enrique Martínez, quien con una paciencia infinita se esforzaba en abrirnos ojos y corazón a la literatura desde las aulas del Instituto A. García Bellido. También me descubrió el poema que ha guiado mi vida, «Música amenazada» de Félix Grande, y me sigue conduciendo, con la misma ternura, hacia lugares de esperanza a los que aferrarme.

A Antonio Odón, por su disposición, por tener un corazón enorme dispuesto a acoger siempre a quienes nos acercamos con timidez al arte, por acompañarme con su voz, sus letras y su guitarra en mi regreso al paraíso de mi infancia.

A Cristina Pimentel y Jesús Palmero, porque seréis por siempre el hada madrina que me tocó con su varita mágica para hacer realidad lo que soñaba de niña y parecía tan imposible.

A Eloy Rubio, por regalarme un espacio en el que ser yo misma y defenderlo, por sus versos, sus miradas, su apoyo y un último correo que era todo un abrazo.

A Paz Martínez, por su dulzura y su fuerza atemporal, por su generosidad hacia los otros cuando la vida le exigía toda la atención.

A mis compañeros de Manual de Ultramarinos, a todos, los que estáis, los que estaban, los que vendrán, porque me encanta ese mundo mágico y paralelo en el que me habéis acogido.

ÍNDICE

UN LEGADO DE SOLEDAD Y AMOR

ESPERA CON EL BILLETE EN LA MANO

LES CUESTA PONER NOMBRE A LO QUE SIENTEN

Colección

A U R A

Primera edición:
diciembre de 2025

© Isabel Llanos, 2025
© del prólogo: Alberto Velasco

© de esta edición: Eolas ediciones

www.eolasediciones.es

Dirección editorial: Héctor Escobar
Diseño y maquetación: Alberto R. Torices
Fotografía de solapa: Diambra Mariani
Fotografía de cubierta: Branislav Rodman
(unsplash.com)

ISBN: 979-13-87753-66-5
Depósito Legal: LE 538-2025

Impreso en España

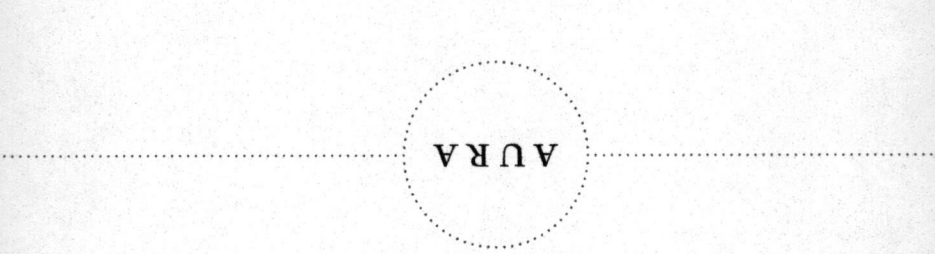
AURA